# DiCTiO

## mots et jeux

Conception :
Émilie Beaumont

Textes et jeux :
Florence Guilloret

Images :
Noëlle Le Guillouzic

Le Grand Livre du Mois

# Sommaire

## AVIS AU JEUNE LECTEUR

Un dictionnaire, c'est un livre qui explique ce que les mots veulent dire. Ton "dictio" est un dictionnaire écrit pour les enfants !
Regarde en premier le chapitre du "a". L'abeille Aglaé te présente les définitions de mots qui commencent par la lettre "a". Lis-les attentivement : elles contiennent toutes les réponses aux devinettes qui suivent. Quand tu connaîtras tous les petits animaux, tu pourras aborder les jeux du "dictio". Tu apprendras l'alphabet et tu auras de nombreuses activités de recherche, comme dans un dictionnaire de grands !

# L'alphabet

Un mot est composé d'une ou de plusieurs lettres.
L'alphabet, c'est la liste des vingt-six lettres que
l'on utilise pour écrire les mots. Dans ton "dictio",
les mots sont rangés dans l'ordre de l'alphabet.
Ainsi, on peut les retrouver facilement !

**A a**

abeille

**F f**

fourmi

**G g**

goéland

**H h**

hibou

**I i**

ibis

**N n**

narval

**O o**

otarie

**P p**

panda

**Q q**

quetzal

**V v**

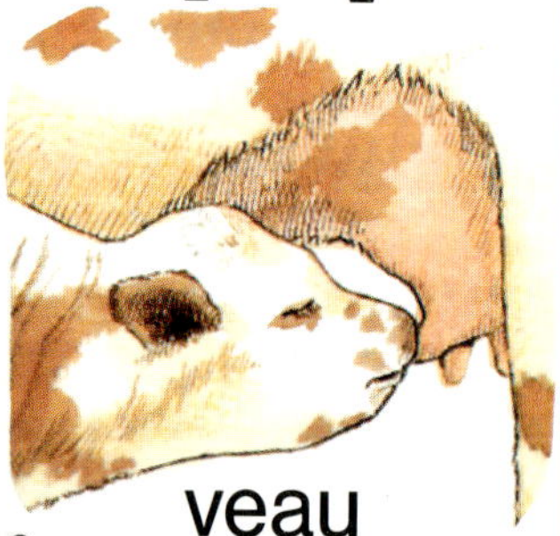

veau

**W w**

wapiti

**X x**

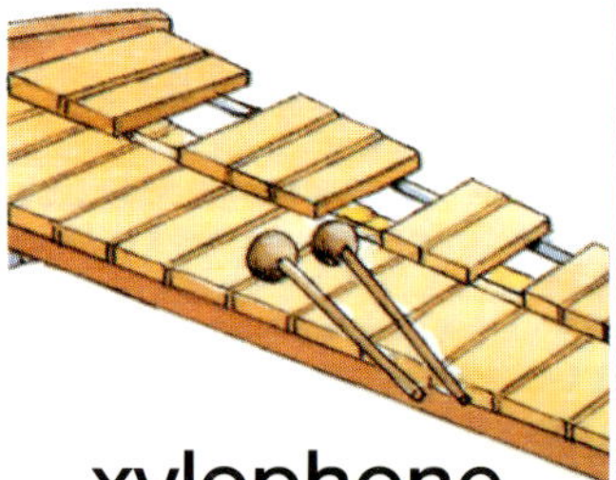

xylophone

**Y y**

yack

B b

belette

C c

canard

D d

dauphin

E e

écureuil

J j

jument

K k

koala

L l

lapin

M m

marmotte

R r

renardeau

S s

souris

T t

taupe

U u

unau

Z z

zèbre

Les petits animaux et l'objet dessinés peuvent t'aider à connaître toutes les lettres qui composent ton prénom. Écris-le en séparant bien les lettres. Cherche parmi les dessins quel animal ou quel objet te présente la première lettre. Continue avec toutes les autres lettres de ton prénom.

# A a *a*

# L'abeille Aglaé

**Aboyer :** Le chien a vu Aglaé. Il pousse des cris. Il aboie très fort pour lui faire peur.

**Abri :** Il pleut ! Aglaé se met à l'abri sous un champignon.

**Abreuvoir :** La vache et son petit veau boivent à l'abreuvoir.

**Abricot :** Aglaé aimerait bien grignoter ce beau fruit jaune-orange. L'abricot pousse sur un abricotier.

**Accident :** Un choc entre deux voitures, et c'est l'accident. Attention, Aglaé !

**Adresse :** Aglaé écrit son adresse sur une enveloppe. Elle indique son prénom, le nom de sa rue et le nom de son village.

**Accordéon :** Aglaé joue un air d'accordéon. Ses amis dansent au son de l'instrument de musique.

**Affiche :** Aglaé colle un beau dessin sur le mur. C'est l'affiche qui invite les animaux à participer aux jeux de Préfleuri.

**Accrocher :** Aglaé a fixé un clou au mur pour y accrocher le tableau. Elle le suspend.

**Agiter :** Aglaé agite son mouchoir pour dire au revoir à son amie. Elle le bouge dans tous les sens.

**Agneau :** Un agneau est un bébé mouton, tout doux, tout gentil. Sa maman s'appelle la brebis.

**Aigle :** Ce grand oiseau au bec crochu bâtit son nid en haut de la montagne.

**Albatros :** C'est le plus grand des oiseaux de mer. Il peut voler toute une journée sans s'arrêter.

**Algue :** Cette plante sans racines vit dans la mer. Elle s'accroche parfois à un rocher.

**Ananas :** Ce beau fruit plein de jus et très sucré pousse dans les pays chauds.

**Ane :** L'âne ne veut pas qu'Aglaé le pique. Il agite ses longues oreilles et crie “hi ! han !”

**Apprivoiser :** Aglaé a apprivoisé la mésange. Ce petit oiseau sauvage est devenu son ami.

**Aquarium :** C'est un récipient transparent rempli d'eau, qui sert de maison aux poissons.

**Araignée :** Ce petit animal tisse une toile avec ses grandes pattes pour attraper des mouches ou des guêpes.

**Arc :** Aglaé tire à l'arc. Quand elle lâchera la corde, la flèche partira.

**Arc-en-ciel :** Quand la pluie et le soleil se partagent le ciel, un bel arc de toutes les couleurs apparaît.

**Arête :** Les os des poissons s'appellent les arêtes. Quand tu manges du poisson, n'oublie pas de les enlever.

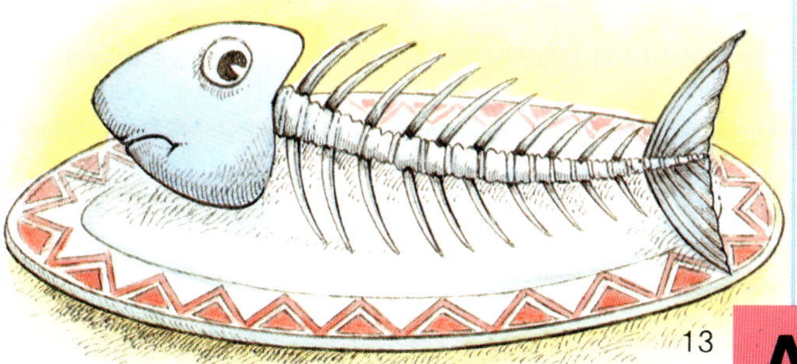

**Arrêter :** Le gendarme siffle pour dire “stop, arrêtez-vous !” Le conducteur freine. Sa voiture reste immobile.

**Arroser :** Les fleurs de la prairie ont soif. Aglaé a pris son arrosoir pour les arroser.

**Artichaut :** Drôle de légume ! Quand il est cuit, on mange la partie épaisse de chaque feuille, ainsi que le cœur.

**Atterrir :** L’avion va se poser sur la piste de l’aéroport. Ses roues vont toucher terre. Il va atterrir.

**Automne :** C’est la saison des champignons. Pendant que les feuilles tombent, Aglaé dort bien au chaud dans la ruche.

**Autruche :** Le plus grand oiseau du monde court très vite, mais ne sait pas voler. Jamais l’autruche ne rattrapera Aglaé !

# Les jeux d'Aglaé

## POUR EN SAVOIR PLUS

L'autruche est trop lourde pour voler. Alors, quand elle a peur, elle s'enfuit en courant très vite. Mais si elle couve ses œufs, elle s'étend sur le sol et cache sa tête sous son aile. Bien souvent, elle a choisi un endroit de la même couleur que son plumage... Alors, on ne la voit pas !

## LE BON CHOIX

Parmi ces quatre arcs-en-ciel, trois ont été inventés par Aglaé... Peux-tu me montrer le vrai ?

A

# Les jeux d'Aglaé

## CHERCHE L'INTRUS

L'un de ces animaux n'appartient pas à la même famille que les autres.
Lequel ?

aigle albatros araignée autruche

## DE PETITS TROUS

Dans les phrases qui suivent, Aglaé a gommé quelques mots.
Devine lesquels :

**La ................................ boit à l'abreuvoir.**

**L'aquarium est la maison du ............................ .**

**Les feuilles tombent en ........................................ .**

**Aglaé dit "au revoir" : elle ....................................... .**

# B b *b*

# La belette Bérénice

**Baleine :** Le plus gros animal du monde vit dans la mer.
Le baleineau grandit dans le ventre de sa maman baleine.

**Baobab :** Le tronc de cet arbre des pays chauds est énorme ! Si on le creusait, il pourrait servir de garage à voiture...

**Banquise :** Au pôle Nord et au pôle Sud, il fait si froid que la mer a gelé. Elle s'est transformée en banquise.

**Barboter :** Pour se rafraîchir, Bérénice et ses amies sautent et s'éclaboussent dans l'eau : elles barbotent.

**Belette :** Bérénice est un petit animal rusé. Elle court vite sur ses courtes pattes pour chasser les souris, les rats, les lapins.

**Blé :** Tout en haut de la tige de cette plante, les grains sont rangés, bien serrés en épi.

**Bercer :** Pour endormir son bébé, la maman le balance doucement dans ses bras. Elle le berce en lui chantant une chanson douce.

**Bouquetin :** C'est le cousin de la chèvre. Il vit dans la montagne, où il saute de rocher en rocher. Dès qu'on l'approche, il s'enfuit.

**Biche :** La femelle du cerf s'appelle la biche. Bien à l'abri dans la forêt, elle lèche tendrement son bébé faon.

**Bourgeon :** Sous les écailles du bourgeon, les petites feuilles se font toutes belles...
Elles sortiront au printemps.

**Bouton d'or :** Bérénice adore les fleurs. Au printemps, elle cueille de gros bouquets de boutons d'or dans la prairie.

**Brouette :** Bérénice transporte des feuilles sèches dans une brouette. Elle va construire un nid pour ses petits.

**Bricoler :** Bérénice bricole dans sa maison. Elle répare ce qui est abîmé : un petit coup de pinceau par-ci, un petit clou par-là...

**Brûler :** Bérénice a allumé un feu pour se réchauffer. Elle regarde le bois qui brûle.

**Briller :** La lune brille dans la nuit. Elle éclaire Bérénice, qui s'est endormie au milieu des herbes.

**Bulldozer :** Pour pousser la terre et les cailloux, l'énorme bulldozer avance sur des “chenilles”.

# B Les jeux de

## VRAI OU FAUX

Ecoute chaque phrase et réponds : **vrai** ou **faux.**

**Bérénice bricole dans l'eau.**

**Bérénice barbote dans l'eau.**

## BIZARRE

**Voici un bouton en or.**

**Voici un bouton d'or.**

Qu'est-ce que Bérénice offre à son amie ?

# Bérénice

## LE BON CHOIX

Regarde ces quatre images. Nomme ce qui peut brûler.

Une bûche de bois

un nuage

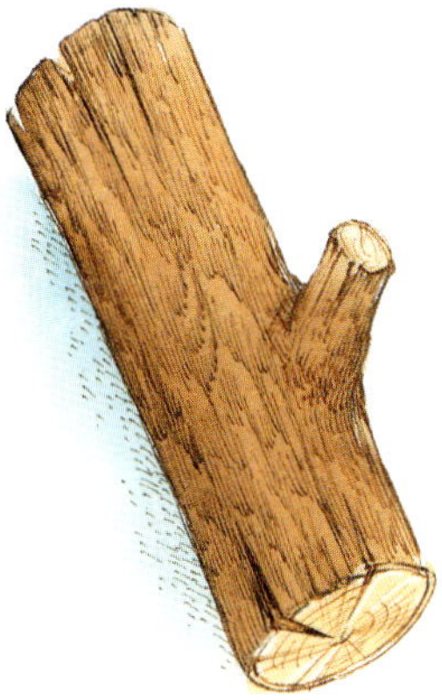

une pierre

un cahier

## POUR EN SAVOIR PLUS

La baleine peut rester sous l'eau sans respirer pendant une heure. Quand elle remonte à la surface, elle souffle un grand coup. Et l'on voit alors un beau jet d'eau au-dessus de l'océan !

# C c c

# Le canard Corentin

**Caméléon :** Cet animal a une langue très longue. Il change de couleur pour se confondre avec le paysage.

**Canoë :** Corentin et son ami se promènent en canoë sur la rivière. Dans ce bateau très léger, ils ont les plumes au sec !

**Caméra :** Avec sa caméra, Corentin filme la première leçon de natation des canetons.

**Cascade :** L'eau qui tombe du haut de la montagne éclabousse Corentin. Il préfère s'éloigner de la cascade.

**Casque :** Quand il fait de la moto, Corentin met un casque qui protégera sa tête en cas de chute.

**Castor :** Cet animal fait sa hutte près de l'eau avec des troncs et des branches qu'il coupe avec ses dents.

**Clémentine :** Corentin adore les clémentines. Ce sont des fruits orange pleins de vitamines.

**Coccinelle :** Quelques points noirs sur des ailes rouges : c'est une coccinelle. Cet insecte s'appelle aussi "bête à bon Dieu".

**Collectionner :** Corentin garde toutes les statues de grenouilles qu'il trouve. Il les collectionne.

**Coquelicot :** Ces jolies fleurs rouges au milieu des blés en été, ce sont des coquelicots.

**Coquetier :** L'œuf de Corentin est posé sur un coquetier. Ainsi, il ne tombera pas !

**Couette :** Corentin dort bien au chaud sous sa couette remplie de duvet de canard.

**Couronne :** Si Corentin était le roi des canards, il porterait une couronne sur la tête !

**Crêpe :** Corentin prépare des crêpes pour le goûter. Il les fait sauter dans la poêle. Puis il les sucrera et les roulera pour les manger.

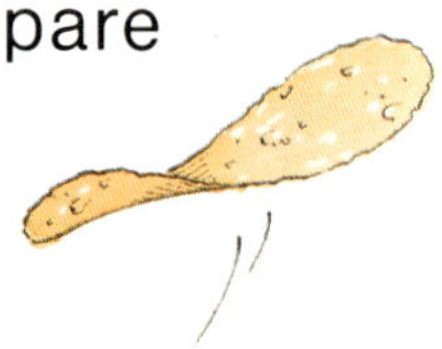

**Creuser :** Corentin creuse une nouvelle mare. Il enlève de la terre avec une pelle.

**Croissant :** Un gâteau en forme de croissant de lune ? C'est un croissant pour le petit déjeuner de Corentin.

# Les jeux de Corentin

## POUR EN SAVOIR PLUS

À sa naissance, la coccinelle est jaune. Puis de petits points apparaissent. Au bout de quelques heures, la coccinelle devient rouge avec des points noirs !

1 2 3

## DE PETITS TROUS

Rappelle-toi des mots de Corentin et complète les phrases :

**Le roi met une .................................... sur sa tête.**

**Le motard met un ........................... sur sa tête.**

C

# Les jeux de Corentin

## LE BON CHOIX

Il fait un froid de canard ! Corentin se met au chaud :

**1 sous la couette ?**

**2 sous la cascade ?**

**3 sous le canoë ?**

## DEVINETTE

Je deviens vert lorsque je me

repose sur l'herbe.

Je deviens marron lorsque je

me repose sur une branche.

**Qui suis-je ?**

# D d *d*

# Le dauphin Dimitri

**Daim :** Le daim est très fier des grands bois qu'il porte sur la tête. Ils tomberont au printemps, puis repousseront.

**Décorer :** Dimitri accroche des boules et des guirlandes sur son sapin de Noël.
Il le décore.

**Datte :** Les dattes poussent sur un arbre, le palmier dattier. Elles sont regroupées en paquets appelés “régimes”.

**Se déguiser :** C'est Mardi gras. Dimitri se déguise en petit marin. Un béret à pompon, un polo rayé, et le voilà transformé !

**Délicieux :** Ces petits poissons ont l'air bien appétissants ! Dimitri va se régaler. Hm ! Le poisson, c'est délicieux.

**Désert :** Du sable partout, pas d'eau et une chaleur étouffante : Dimitri ne pourra jamais vivre dans le désert.

**Différence :** Entre Dimitri et son ami, il y a deux différences. L'un est gris, l'autre est blanc. L'un a des lunettes, l'autre pas.

**Digitale :** La digitale fleurit en été dans les bois. Attention ! Cette jolie fleur contient du poison.

**Dinosaure :** Cet énorme animal vivait sur Terre il y a cent millions d'années ! La femelle pondait des œufs.

**Distribuer :** Dimitri distribue les cartes. Il en donne quatre à chacun des joueurs.

**Docteur :** Dimitri a de la fièvre. Le docteur vient le soigner. Il prescrit des médicaments pour que Dimitri guérisse vite !

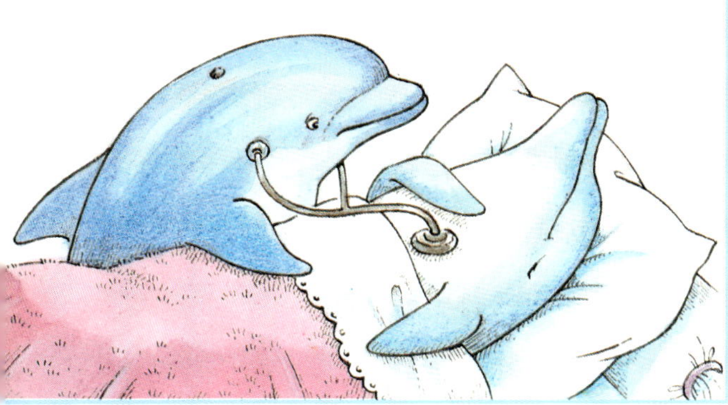

**Domino :** Le joueur suivant devra poser un domino avec une image de cerise ou de nuage. S'il n'en a pas, il passera son tour.

**Drapeau :** Chaque pays du monde choisit les couleurs de son drapeau. Voici celui du pays des dauphins.

**Dromadaire :** Cet animal vit dans le désert. La bosse qu'il porte sur le dos est remplie de graisse.

**Dune :** Le vent soulève les grains de sable, qui vont former de petites collines au bord des plages. Ce sont les dunes.

**Duvet :** Ce poussin est couvert de petites plumes très légères, le duvet. Elles le protègent du froid et de la pluie.

# D Les jeux de

### JEU DES DIFFÉRENCES

Ces drapeaux se ressemblent. Et pourtant, si tu les regardes bien, tu peux trouver quatre différences :

### POUR EN SAVOIR PLUS

Le dromadaire peut boire soixante litres d'eau. S'il mange beaucoup, la nourriture se transforme en graisse : c'est la bosse qu'il porte sur le dos. Elle lui sert de réserve quand il marche pendant des jours dans le désert sans rien avaler !

# Dimitri

## DE PETITS TROUS

Complète les phrases avec les mots suivants :

**Le .......................................... a des bois sur la tête.**

**Le .............. vivait il y a des millions d'années.**

**Le ...................................... a une bosse sur le dos.**

## LE BON CHOIX

Choisis un de ces dominos et cherche dans quel ordre tu pourrais placer les autres :

# E e *e*

# L'écureuil Ernest

**Eclair :** Voici l'orage. Un éclair traverse le ciel. Vite ! Ernest rentre chez lui.

**Ecorce :** Le tronc de l'arbre est protégé par son écorce. Mais tous les arbres n'ont pas la même écorce !

**Eclosion :** La poule regarde l'éclosion de ses œufs. Les poussins commencent à casser leur coquille.

**Ecurie :** C'est la maison des chevaux. Ils viennent s'y reposer après avoir couru dans la prairie.

**Edelweiss :** Cette fleur très rare ressemble à une étoile blanche. Elle pousse en haute montagne, où il est interdit de la cueillir.

**Epinard :** Ernest aime les légumes. Il cueille et croque quelques grandes feuilles vertes d'épinard.

**Eléphanteau :** C'est le bébé éléphant. Sa maman lui a appris à se doucher avec sa trompe.

**Epouvantail :** Les moineaux ne viennent pas manger les cerises. Ils ont peur de l'épouvantail, cet affreux bonhomme de paille.

**Eparpiller :** Ernest a fait tomber son sac de noisettes. Elles sont éparpillées un peu partout sur le sol.

**Eraflure :** Ernest s'est griffé à une branche pleine d'épines. Il a maintenant une éraflure sur la patte et il saigne un peu.

**Escalader :** Pour regagner sa maison, Ernest doit escalader un arbre. Il grimpe tout en haut. Bravo, Ernest !

**Escargot :** L'escargot adore la pluie. Dès la première goutte, il sort ses cornes et part en promenade. L'hiver, il dort dans sa coquille.

**Esquimau :** Ce petit Esquimau vit au pôle Nord. L'hiver, il y fait nuit, même pendant la journée !

**Eté :** L'été est la saison la plus chaude de l'année. Ernest transpire à grosses gouttes.

**Eteindre :** Ernest veut éteindre le feu. Il lance de l'eau sur les flammes pour que le bois s'arrête de brûler.

**Etoile de mer :** Le corps de ce petit animal de mer ressemble à une étoile à cinq branches. Il est recouvert de piquants.

# Les jeux d'Ernest

## BIZARRE

Tu sais qu'un mot peut désigner plusieurs choses.

**ÉCLAIR**

Un éclair... dans le ciel !

Un éclair au chocolat chez le pâtissier !

**ESQUIMAU**

Un Esquimau au pôle Nord !

Un esquimau... chez le marchand de glaces !

## ÉCOUTE

Un adulte lit à haute voix les mots écrits dans les cases.
S'il nomme quelque chose que tu vois parfois dans le ciel, lève la main !

| | |
|---|---|
| **éclair** | **étourneau** |
| **épinard** | **étoile** |
| **edelweiss** | **escargot** |

# E Les jeux d'Ernest

**LE BON CHOIX**

L'éclosion, c'est lorsque :

**Les escargots sortent leurs cornes ?**

**Les noisettes sortent du sac ?**

**Le poussin sort de l'œuf ?**

**POUR EN SAVOIR PLUS**

L'éléphanteau apprend à se servir de sa trompe. Il s'exerce à attraper les brins d'herbe et à se doucher. Quand il sera grand, sa trompe sera si musclée qu'il pourra déraciner les arbres ! Il n'aura plus besoin de sa maman !

# F f *f*

# La fourmi Félicie

**Se fâcher :** Félicie se fâche. Elle gronde bébé fourmi, qui ne veut pas ranger ses jouets.

**Farandole :** Félicie entraîne ses amies dans une farandole. Elles dansent en se donnant la main.

**Fanion :** Félicie skie entre les fanions. Ce sont les petits drapeaux que tu vois sur la piste.

**Farine :** On écrase les grains de blé pour obtenir une fine poudre blanche, la farine. Elle servira à faire du pain ou des gâteaux.

**Fennec :** Le fennec est un petit renard aux longues oreilles. Il vit dans le désert.

**Flocon :** En hiver, les gouttes d'eau gèlent dans les nuages et tombent en flocons de neige tout blancs, tout ronds.

**Fièvre :** Le bébé de Félicie tremble, il a chaud. Félicie prend sa température : bébé a de la fièvre.

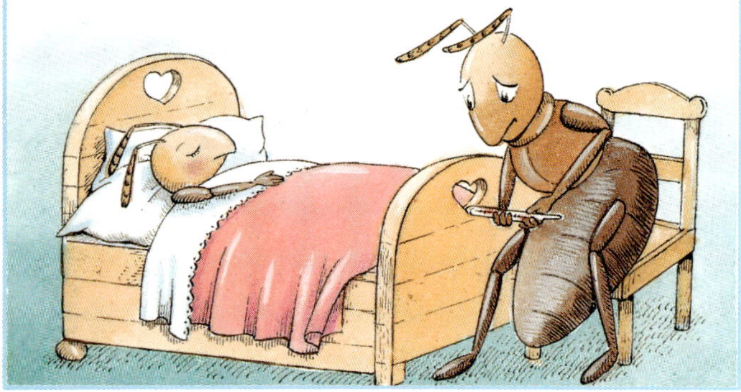

**Flûte :** Félicie souffle dans le bec de son instrument. Elle bouge ses doigts sur les trous quand elle veut un son différent.

**Flaque :** La pluie remplit les trous du chemin et forme des flaques. Félicie prend un bon bain de pattes.

**Foin :** L'herbe coupée a séché dans le pré. Elle s'est transformée en foin que les vaches mangeront cet hiver à l'étable.

**Fougère :** Félicie ramasse des feuilles de fougère dans la forêt. Elle en fera une jolie jupe !

**Fourmilière :** Dans leur maison de terre, les fourmis rangent la nourriture, soignent les bébés et protègent leur reine.

**Fouiller :** Félicie cherche la poupée de son bébé. Elle fouille dans le coffre pour la retrouver. Elle remue tous les jouets.

**Framboise :** Félicie a découvert un framboisier chargé de petits fruits rouges. Elle va faire une bonne tarte aux framboises !

**Fourmilier :** Les fourmis des pays chauds se méfient du fourmilier. Il les attrape avec sa grande langue gluante.

**Fusée :** 3, 2, 1, feu ! La fusée décolle. Ce véhicule part pour un grand voyage à travers l'espace.

# F Les jeux de

## LE BON CHOIX

Trois animaux arrivent dans le jardin de Félicie.
De quel animal doit-elle se méfier ?

faon

fennec

fourmilier

## DE PETITS TROUS

Trois mots coquins ont quitté leur phrase.
Peux-tu retrouver leur place ?

**Félicie skie entre les ............... ? ............... .**

**Félicie joue un air de ............... ? ............... .**

**Félicie saute dans la ............... ? ............... .**

flaque

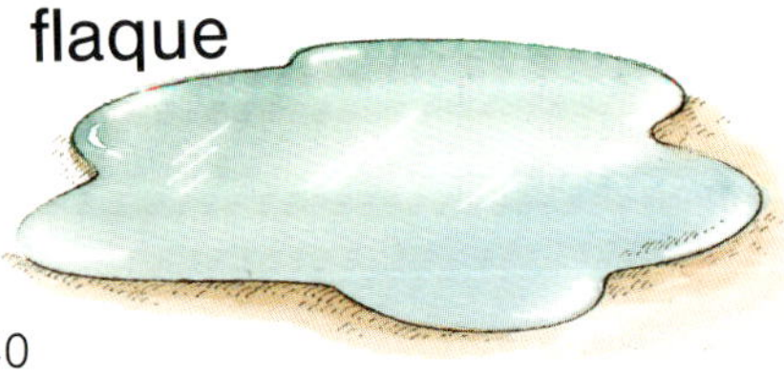

flûte

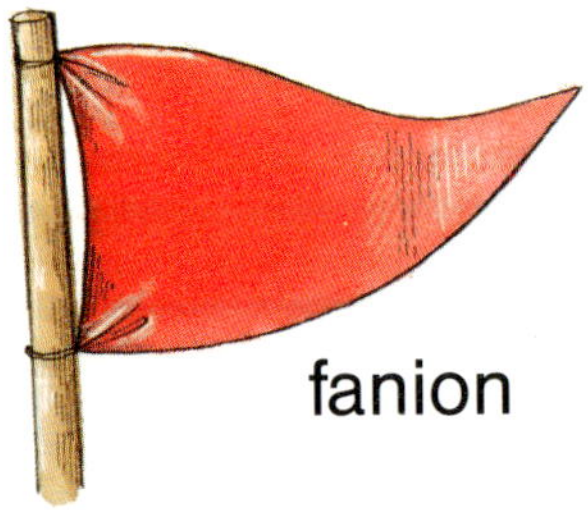

fanion

# Félicie

## RÉFLÉCHIS

Écoute ce que fait le bébé de Félicie.
À ton avis, va-t-elle se fâcher ? Selon ta réponse, montre le visage de Félicie contente, ou de Félicie fâchée :

Bébé joue dans son parc, tranquille.

Bébé jette la purée par terre.

Bébé a cassé un vase.

Bébé a fait pipi dans son pot.

## DEVINETTE

**Je suis blanc.**

**Je suis rond.**

**Je suis froid.**

**Qui suis-je ?**

## LE PETIT CHERCHEUR

Regarde à nouveau les pages présentées par Félicie et retrouve :

**1. un instrument de musique**

**2. un fruit**

**3. une plante verte**

**4. un animal**

# G g g

# Le goéland Gaston

**Galet :** Gaston marche sur la plage. Il pose ses pattes sur un galet. C'est un beau caillou tout lisse que la mer a arrondi.

**Girafe :** C'est l'animal le plus haut du monde. Elle vit en troupeaux dans les prairies d'Afrique.

**Gazouiller :** Bébé veut dire qu'il est content, mais il ne sait pas parler. Alors, il prononce toutes sortes de sons : il gazouille.

**Glaçon :** Gaston a placé un bac à glace rempli d'eau au congélateur. Il en ressort des cubes de glace : les glaçons.

**Gomme :** Gaston écrit avec un crayon gris. Quand il fait une erreur, il l'efface avec un petit morceau de caoutchouc : la gomme.

**Grenouille :** Grâce à ses longues pattes arrière, la grenouille fait de grands plongeons dans la mare, de grands bonds sur terre.

**Gourde :** Quand il part en promenade, Gaston emporte une gourde remplie d'eau. Dès qu'il a soif, il en boit une gorgée.

**Gribouiller :** Bébé gribouille sur une feuille. Il promène son crayon dans tous les sens.

**Grêle :** Mets-toi à l'abri, Gaston, voici la grêle ! Les gouttes d'eau ont gelé. Elles tombent sous forme de grêlons.

**Groseille :** De belles grappes de fruits rouges poussent sur le groseillier. Gaston fera de la bonne gelée de groseilles.

**Grotte :** Ce grand trou dans la roche, c'est une grotte. Trop sombre et trop froid pour Gaston, qui n'y entre jamais !

**Grue :** Avec son long bras, la grue soulève un gros tas de briques et le pose en haut de l'immeuble.

**Gruyère :** Ce fromage est fabriqué avec du lait de vache. La souris adore le gruyère, même s'il est plein de trous.

**Guépard :** Ce grand fauve à la peau tachetée court plus vite que tous les autres animaux d'Afrique.

**Guirlande :** Gaston a acheté une guirlande pour son sapin. Il a choisi ce long ruban bordé de fils argentés.

**Guitare :** Gaston joue de la guitare. Avec ses ailes, il pince les six cordes de l'instrument.

# Les jeux de Gaston

## LE BON CHOIX

Dans le rayon fromages, Gaston cherche le gruyère.
Peux-tu l'aider ?

## DE PETITS TROUS

Trois mots se sont échappés... Peux-tu retrouver leur place ?

**Gaston efface son dessin avec une ............ ? ............ .**

**Gaston a soif. Il boit au goulot de la ........... ? ........... .**

**À Noël, Gaston décore le sapin avec des .... ? ..... .**

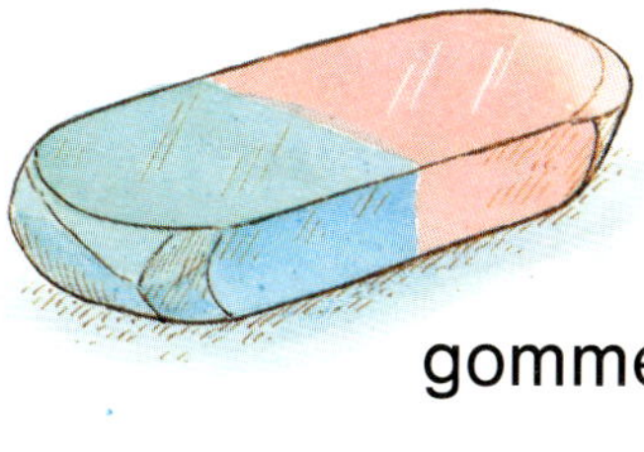

gomme

gourde

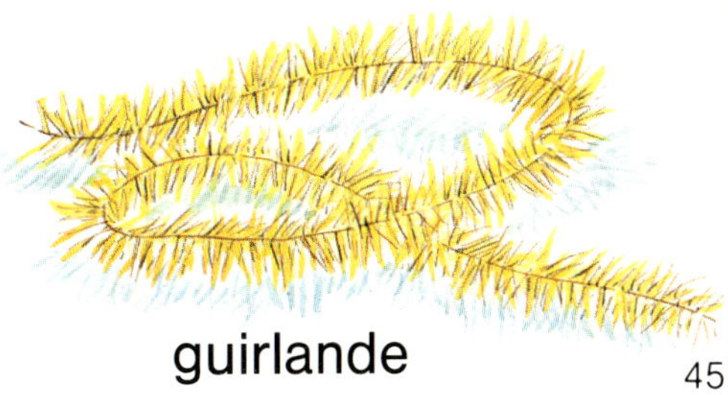

guirlande

# G Les jeux de Gaston

## RÉFLÉCHIS

Bébé écrit sur une feuille.
Il **gazouille** ou il **gribouille** ?

Un grand trou sombre et froid,
c'est une **grotte** ou une **crotte** ?

Un gros engin qui soulève de lourdes charges,
c'est une **crue** ou une **grue** ?

## POUR EN SAVOIR PLUS

De l'œuf à la grenouille

1 La grenouille pond des œufs.

2 De chaque œuf sort un têtard.

3 Peu à peu, les pattes apparaissent.

4 Le têtard s'est transformé en grenouille.

# H h *h*

# Le hibou Hector

**Hache :** Le bûcheron coupe le bois avec un outil, la hache. C'est un morceau de fer tranchant fixé au bout d'un manche.

**Haricot vert :** Ce légume de forme allongée se cache sous les feuilles. On le ramasse en été.

**Haie :** Le jardin est entouré d'arbustes touffus, qui forment la haie. Hector aime s'y blottir à l'abri du vent.

**Harpe :** Pour obtenir un joli son, la musicienne pince avec ses doigts les cordes de son grand instrument de musique.

**Hélicoptère :** Grâce à son hélice, ce petit avion sans ailes peut atterrir n'importe où, même s'il n'y a pas de piste.

**Heurter :** Devine où Hector a bien pu se cogner pour se faire une si belle bosse. Eh bien, il a heurté une branche.

**Hennir :** Le cheval pousse un drôle de cri : il hennit. Hector a eu très peur !

**Hiberner :** Les animaux qui hibernent cherchent un abri dès le début de l'hiver. Ils y dormiront jusqu'au printemps.

**Hérisser :** Prêts à se battre, les deux chats hérissent leurs poils, qui se dressent alors sur leur dos.

**Hippocampe :** Quand ce drôle de poisson à tête de cheval ne nage pas, il enroule sa queue autour d'une herbe marine.

**Hirondelle :** Au printemps, ce petit oiseau installe son nid fait de boue et de paille sous les toits des maisons.

**Hotte :** Le Père Noël des hiboux porte un grand panier de paille sur son dos. C'est une hotte remplie de jouets.

**Hiver :** C'est la saison la plus froide de l'année. Les arbres ont perdu leurs feuilles et la neige couvre parfois le sol.

**Houx :** Hector cueille une branche de houx pour décorer la table de Noël. Mais il se pique en touchant aux feuilles.

**Horloge :** Hector regarde le cadran de l'horloge. La petite aiguille est sur le quatre. C'est l'heure du goûter !

**Huître :** Ce coquillage est élevé dans l'eau salée des parcs à huîtres. On peut le déguster de septembre à avril.

# H

# Les jeux

## LE BON CHOIX

Hiver ou printemps ?

Printemps ou hiver ?

## POUR EN SAVOIR PLUS

La maman hippocampe dépose ses œufs près du papa, qui les cache dans sa poche ventrale. Les œufs se développent et éclosent. Puis, un jour, les bébés hippocampes sortent un à un de la poche. Ils vivent quelque temps près de leur papa avant de partir vivre leur vie...

## RÉFLÉCHIS

Le chat hérisse ses poils :

**quand on le caresse ?**

**quand il est en colère ?**

**quand il fait froid ?**

## RAPPELLE-TOI

Qui construit
son nid sous le toit
des maisons ?

Qui vit dans
les herbes marines ?

# I i *i* J j *j*

# L'ibis Igor et Julie

**Ibis :** Avec son grand bec recourbé, Igor fouille la vase pour attraper des vers et des coquillages.

**Igloo :** Quand ils partent chasser, les Esquimaux construisent une maison de glace, l'igloo, pour y passer la nuit.

**Iceberg :** Ce bloc de glace qui flotte est un énorme iceberg. Sa plus grande partie se cache sous la surface de l'eau.

**Iguane :** Ce lézard géant apprécie le climat chaud des îles Galapagos. Il se nourrit de cactus. D'autres iguanes préfèrent les algues.

**Ile :** Igor survole souvent une petite île. De là-haut, il voit que la mer entoure de tous côtés cette étendue de terre.

**Illuminer :** Pour la fête d'Igor, les oiseaux installent des milliers d'ampoules. Les arbres de la forêt s'illuminent.

**Illustrer :** Cet artiste illustre un livre d'oiseaux. Au-dessus du texte qui décrit les ibis, il dessine Igor.

**Inonder :** Il pleut depuis plusieurs jours. La rivière sort de son lit et inonde tous les champs qui la bordent.

**Jaguar :** Ce cousin du tigre est rusé et rapide. Il se cache dans un arbre pour guetter les animaux qu'il chasse.

**Jalouse :** La petite fille est jalouse de son amie. Elle voudrait avoir le même chapeau !

**Japper :** Le jeune chien a une petite voix. Quand il aboie, on dit qu'il jappe.

**Jongleur :** Il lance plusieurs balles en l'air les unes après les autres. Elles ne doivent pas tomber par terre !

**Jardinier :** Qui cultive les légumes ? Qui s'occupe des fleurs et des arbustes ? C'est le jardinier.

**Jumelles :** Julie observe avec ses jumelles l'oiseau qui chante au loin. Elle le voit comme s'il était tout près !

**Jars :** Tout le monde connaît l'oie. Mais qui connaît son mari ? C'est le jars. Il conduit le troupeau.

**Jument :** C'est la femelle du cheval. Son bébé, le poulain, est né dans le pré. Il s'apprête déjà à galoper.

# Les jeux de Julie

## VIVENT LES VACANCES

Julie veut passer ses vacances
sur une île. Comment va-t-elle s'y rendre ?

## LE BON CHOIX

Observe bien les ronds et devine si Julie a utilisé une
paire de jumelles ou non.

# I J Les jeux d'Igor

**DEVINETTE**

Un jars, c'est :

**1 le mari de l'oie ?**
**2 un drôle de lézard ?**
**3 le cousin du tigre ?**

## POUR EN SAVOIR PLUS

Aux pôles, la mer a gelé : c'est la banquise. Parfois, de tout petits icebergs se détachent. Quand ils se cognent les uns dans les autres, cela fait un drôle de bruit, comme s'ils grognaient. Alors on les appelle les *grogneurs.*

# K k *k*

# Le koala Kiki

**Kaki :** Ce fruit à la peau fine et brillante a besoin de beaucoup de chaleur pour mûrir. Il pousse sur un petit arbre, le plaqueminier.

**Kart :** Ce n'est pas une voiture, mais un kart. Kiki le conduit sur un circuit spécial. Va-t-il gagner la course ?

**Kangourou :** Cette maman kangourou vit en Australie. Elle gardera son petit dans sa poche pendant six mois.

**Kayak :** Pour se promener sur la rivière, rien de mieux qu'un kayak. Kiki le fait avancer avec une grande rame.

**Képi :** Kiki se déguise en gendarme. Il pose un képi sur sa tête. C'est une casquette avec une visière qui protège ses yeux du soleil !

**Ketchup :** Ce steak manque de couleur. Arrosé de ketchup, une belle sauce tomate épaisse, il paraît plus appétissant !

**Kimono :** Les jours de fête, les Japonaises revêtent un kimono. C'est une longue robe serrée à la taille par une large ceinture.

**Kiwi :** Ce fruit à la pulpe verte et tendre pousse sur un arbre qui porte un drôle de nom. C'est l'actinidia.

**Klaxonner :** Un kangourou au milieu de la route ! Kiki appuie sur le klaxon pour lui faire comprendre qu'il gêne.

**Koala :** Kiki se nourrit uniquement de feuilles d'eucalyptus. Il les grignote pendant la nuit, puis il dort toute la journée.

# Les jeux de Kiki

## LE BON CHOIX

Kiki est en voiture. Il aimerait que le kangourou quitte la route.

**Est-ce qu'il klaxonne**
**ou**
**est-ce qu'il "kartonne" ?**

## DEVINETTE

Je dors pendant le jour,
je mange pendant la nuit.

**Qui suis-je ?**

## POUR EN SAVOIR PLUS

Au Japon, le jour de la fête des filles, toutes les petites japonaises s'habillent en kimono. Puis elles organisent un goûter pour leurs amies. Elles leur servent des gâteaux et du thé vert. Les poupées ont leur place autour de la table !

# L l *l*

# Le lapin Léon

**Labyrinthe :** Léon a du mal à s'orienter dans ce labyrinthe. Va-t-il réussir à trouver sa carotte ?

**Landau :** Abrité par la capote, bébé dort bien au chaud dans son landau. On dirait un lit monté sur quatre roues.

**Lacer :** Léon sait lacer ses chaussures. Il passe le lacet dans les trous, il fait le nœud et la boucle.

**Laper :** Léon a très soif, il lape l'eau d'une flaque. Il la prend sur sa langue et l'avale. Hum ! Cela fait du bien !

**Lavande :** Les petites fleurs bleues de la lavande sentent si bon qu'on les place parfois dans les armoires à linge.

**Lichen :** Cette petite plante que tu vois sur l'écorce de l'arbre, c'est un lichen.
Pour grandir, il a besoin d'air pur.

**Légume :** Poireaux et salades poussent dans le jardin, avec bien d'autres légumes. Léon préfère les carottes.

**Lilas :** Au printemps, Léon aime respirer l'odeur parfumée des grappes de fleurs violettes ou blanches du lilas.

**Libellule :** Cet insecte agite rapidement ses quatre ailes pour attraper les moustiques qui volent au-dessus de l'eau.

**Linotte :** Ce petit oiseau est un très bon chanteur. Deux fois par an, la femelle pond cinq œufs tachetés de roux.

**Loir :** Ce petit rongeur à la longue queue se nourrit de fruits. Il grimpe aux arbres aussi bien qu'un écureuil.

**Loutre :** Grâce à ses pattes palmées, la loutre nage vite et bien. Elle attrape les poissons et les grenouilles.

**Losange :** Voici un très beau cerf-volant en forme de losange. Ses quatre côtés ont la même longueur.

**Luge :** Le jouet préféré de Léon, c'est la luge. Avec ce petit traîneau, il glisse sur la neige comme un champion.

**Loupe :** Pour voir les petits détails de l'aile de papillon, Léon regarde avec le verre grossissant de la loupe.

**Lune :** Cette planète sans air ni eau tourne autour de la Terre. La nuit, elle nous apparaît soit ronde, soit en forme de croissant.

# Les jeux de Léon

**POUR EN SAVOIR PLUS**

Comme tous les animaux qui hibernent, le loir dort pendant tout l'hiver. C'est l'un des derniers à sortir de son lit : son sommeil dure six mois ! C'est pourquoi, quand une personne a passé une très bonne nuit, on dit qu'elle a dormi comme un loir !

**PETIT TRUC**

Comment savoir si la lune est dans son premier ou dans son dernier quartier ?

Voici le premier quartier de lune.
Il ressemble beaucoup à la boucle de la première lettre du mot "premier".

Voici le dernier quartier de lune.
Il ressemble beaucoup à la boucle de la première lettre du mot "dernier".

# L Les jeux de Léon

## LE BON CHEMIN

Léon voudrait grignoter une carotte dans le jardin.
Il doit trouver son chemin dans le labyrinthe, en évitant les renards !

## LE BON CHOIX

Léon voudrait un cerf-volant en forme de losange.
Lequel va-t-il choisir ?

# M m m

# La marmotte Margot

**Macareux :** Cet oiseau de mer au bec coloré sait plonger pour attraper des poissons.
Au printemps, la femelle pond un seul œuf.

**Malle :** Margot va partir en voyage. Elle sort sa malle et entasse toutes ses réserves dans ce grand coffre.

**Maçon :** Margot travaille comme un vrai maçon. Pour que son mur soit solide, elle étale du ciment entre les briques.

**Maquiller :** Cette maman veut se faire très belle. Elle maquille son visage avec des produits qui colorent la peau.

**Marcassin :** Bébé sanglier s'appelle le marcassin. Il boit toujours à la même mamelle de sa maman, la laie.

**Masque :** Margot dessine une tête de chat. Elle la découpe. Elle fixe un élastique. Voilà un masque pour se déguiser.

**Marée :** La mer est toujours en mouvement. A marée haute, elle recouvre la plage. A marée basse, elle se retire.

**Méduse :** Cet animal flotte dans la mer, à la recherche de petits poissons qu'il attrape avec ses longs bras, les tentacules.

**Marionnette :** Voici une fausse marmotte ! Margot met sa patte sous la robe de la marionnette pour la faire bouger.

**Se méfier :** Margot se méfie de l'aigle qui pourrait attraper ses petits. Elle se tient prête à les protéger en cas de danger.

**Miel :** Les abeilles transforment en miel un produit sucré qu'elles récoltent dans les fleurs. Margot se régale !

**Mirabelle :** Ce petit fruit jaune appartient à la famille des prunes. On en fait d'excellentes confitures.

**Moisson :** On récolte le blé en été. C'est la moisson. La moissonneuse-batteuse coupe les tiges et trie les grains.

**Montgolfière :** Ce ballon gonflé à l'air chaud emporte ses passagers dans un grand panier, la nacelle.

**Morille :** Cet excellent champignon au chapeau plein de creux pousse au printemps dans les vergers ou dans les bois.

**Muguet :** Les petites clochettes du muguet parfument les bois au mois de mai. On dit que c'est une fleur porte-bonheur.

# M Les jeux de

## JEU DES TROIS MARGOT

Montre le masque, montre la marionnette et montre la vraie Margot !

## CHERCHE L'INTRUS

Margot doit enlever une de ces quatre images. Laquelle et pourquoi ?

morille

muguet

miel

mirabelle

# Margot

## POUR EN SAVOIR PLUS

L'apiculteur récolte le miel que les abeilles ont fabriqué.

1 Il met un chapeau à voilette et des gants pour se protéger des piqûres.

2 Il envoie de la fumée dans la ruche pour que les abeilles s'en aillent.

3 Il sort les cadres pleins de miel pour le récolter.

4 Chez lui, il fera couler le miel dans les pots.

# N n n

# Le narval Nestor

**Nageoire :** Pour nager, Nestor agite les deux nageoires qui se trouvent de chaque côté de son ventre.

**Nappe :** Avant de mettre le couvert, la maman installe une nappe. C'est un tissu qui protège la table et la décore.

**Naître :** La maman narval sait qu'un bébé a grandi dans son ventre. Aujourd'hui, il va venir au monde : il va naître.

**Narine :** Les deux trous placés au bout du nez, ce sont les narines. C'est par là que l'air entre lorsque l'on respire.

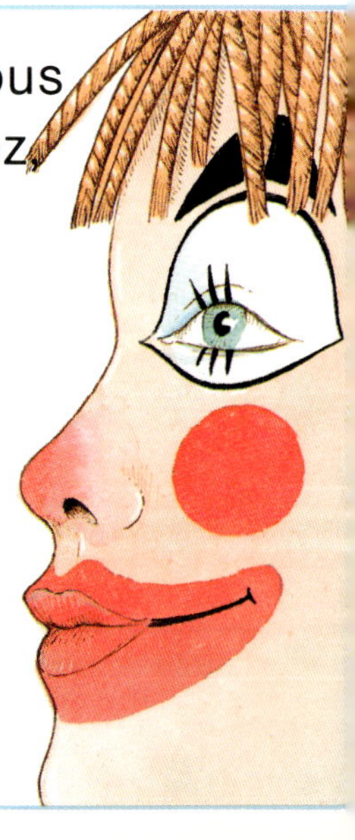

**Narval :** Nestor vit tout près du pôle Nord, dans les mers très froides. Il est fier de sa dent géante : la corne.

**Nénuphar :** Les grandes feuilles de cette plante flottent sur l'eau des étangs. La fleur peut être blanche, jaune ou rose.

**Natte :** Cette petite fille partage ses cheveux en trois longues mèches, qu'elle emmêle pour faire une natte.

**Nervure :** Les petits canaux qui parcourent la feuille s'appellent les nervures. Ils transportent la sève qui nourrit la plante.

**Naviguer :** Nestor se déplace sous l'eau. Mais un bateau se déplace sur l'eau. Il navigue.

**Nicher :** Avant de pondre ses œufs, la femelle oiseau bâtit son nid. Elle cherche le meilleur endroit pour nicher.

**Noisette :** En automne, on cueille ce fruit sec sur le noisetier.
La noisette est le dessert préféré de l'écureuil.

**Nuage :** Des milliers de gouttes d'eau voyagent dans le ciel, bien serrées dans leur nuage.
Elles retomberont en pluie.

**Noix :** Ce petit fruit à la coque très dure pousse sur le noyer.
Il est entouré d'une peau verte, le brou.

**Nuit :** Il est tard. Le soleil disparaît et le jour fait place à la nuit. Les hommes et certains animaux dormiront jusqu'au matin.

**Noyau :** Il se cache à l'intérieur de nombreux fruits. Le noyau de la cerise ne ressemble pas à celui de l'abricot, ni à celui de la pêche.

**Nuque :** Lorsque tu baisses la tête, tu étires ta nuque. C'est la partie arrière du cou. Elle relie la tête aux épaules.

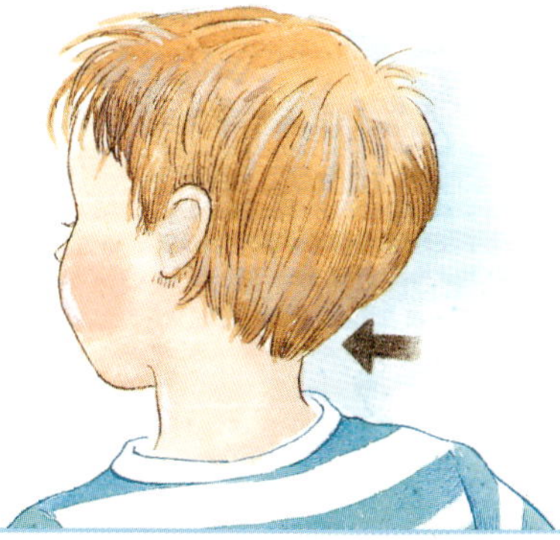

# Les jeux de Nestor

## JEU DE DIFFÉRENCES

Grâce à la lune, tu verras ce qui a changé entre ces deux dessins.

## DE PETITS TROUS

À la place des petits trous, quels mots faudrait-il écrire ?

Cette petite fille aux cheveux longs se coiffe.
Elle se fait des ........ ? .........

Le bébé n'a plus beaucoup de place dans le ventre de sa maman. C'est le moment pour lui de ........... ? ........... .

Des .......... ? ......... noirs remplissent le ciel.
Il va bientôt pleuvoir !

N

# Les jeux de Nestor

**RÉFLÉCHIS**

Je transporte la nourriture des plantes.
Je suis une **nervure** ou une **rayure** ?

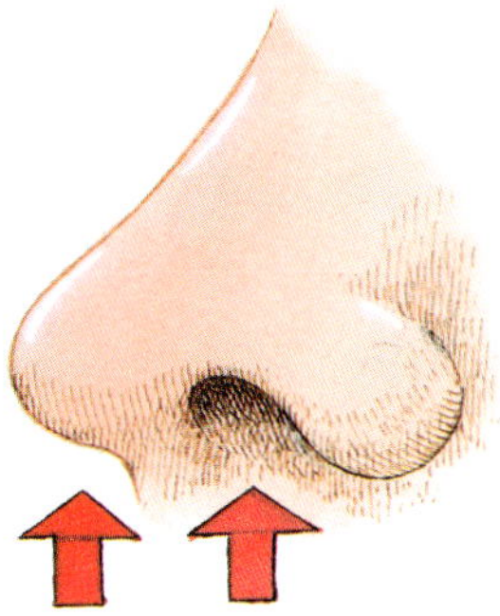

Lorsque tu respires, l'air passe dans les **marines** ou dans les **narines** ?

## POUR EN SAVOIR PLUS

Les narvals n'ont que deux dents. Celles des femelles sont invisibles. Les mâles, comme Nestor, ont une dent invisible et une dent géante. On l'appelle la corne ou la défense. Elle peut atteindre une longueur de trois mètres !

# O o *o*

# L’otarie Olivia

**Oasis :** De l’eau et des arbres dans le désert, c’est l’oasis. Les hommes et leurs chameaux viennent s’y rafraîchir.

**Obstacle :** Un gros bloc de glace sépare Olivia du poisson qu’elle veut attraper. Elle doit franchir l’obstacle.

**Observer :** Olivia regarde partout attentivement. Elle observe la surface de la mer. Peut-être va-t-elle apercevoir un poisson ?

**Offrir :** C’est l’anniversaire d’Olivia. Sa maman lui offre un joli collier : “Prends, Olivia, il est pour toi.”

**Olive :** Ce petit fruit à noyau pousse sur un arbre, l'olivier. On presse les olives pour en faire de l'huile.

**Oranger :** Les oranges poussent sur l'oranger. C'est un arbre des pays chauds. Il ne perd pas ses feuilles.

**Opérer :** Le vétérinaire va opérer Olivia et il va réparer la nageoire cassée. Heureusement, Olivia va être endormie !

**Orang-outan :** Ce grand singe aux longs bras passe facilement d'une branche à l'autre. Il se nourrit de fruits.

**Or :** C'est un métal précieux de couleur jaune ou blanche. Olivia admire les pièces d'or et les bijoux qui brillent sur la glace.

**Orchidée :** Beaucoup de jolies fleurs font partie de la famille des orchidées. Certaines poussent dans les forêts des pays chauds.

**Ordinateur :** Cette machine est programmée pour faire très vite des travaux longs et compliqués. On s'en sert aussi pour jouer !

**Ortie :** La tige et les feuilles de l'ortie sont couvertes d'aiguilles très fines. Si tu les touches, elles te piquent.

**Ornithorynque :** Avec son bec de canard, ce petit animal creuse son terrier près de la rivière. La femelle y dépose ses œufs.

**Otarie :** Olivia a de toutes petites oreilles. Elle vit dans la mer et sur terre. Ses nageoires lui servent aussi de pattes !

**Orteil :** Les doigts de pied s'appellent les orteils. Le gros orteil, c'est le pouce du pied. Les autres n'ont pas de nom.

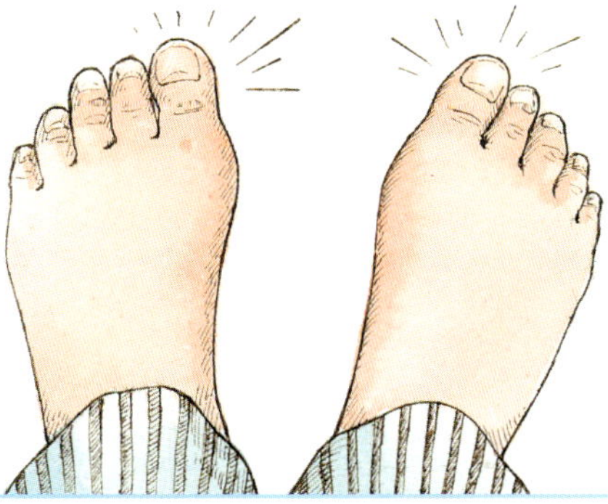

**Ovale :** Un œuf et un ballon de rugby sont de forme ovale. Un visage peut l'être aussi !

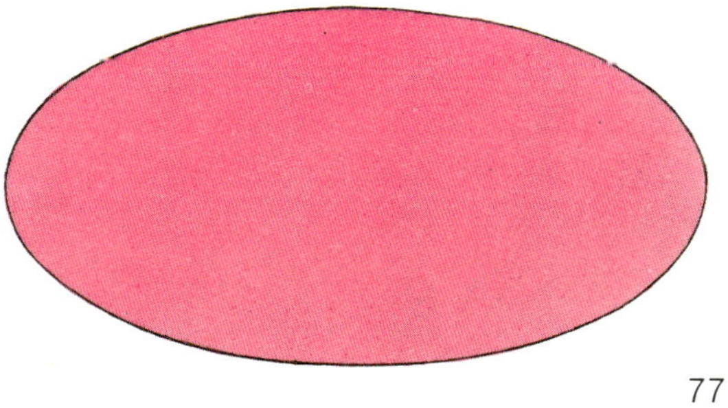

# O Les jeux

## LE BON CHOIX

Observe bien ces dessins et montre ceux qui sont de forme ovale.

## VRAI OU FAUX

Écoute chaque phrase et réponds : vrai ou faux.

**1** L'olive pousse sur l'oranger.

**2** L'or est un métal précieux.

**3** L'orang-outan a de petits bras.

**4** L'oasis est un point d'eau dans le désert.

# d'Olivia

**BANQUISE OU DÉSERT ?**

Replace chaque dessin dans son paysage :

**RÉFLÉCHIS**

Olivia offre-t-elle à sa maman
un bouquet d'**orchidées**
ou un bouquet d'**olives** ?

Cette petite fille a très mal aux pieds.
Quelqu'un a marché sur ses **orties**
ou sur ses **orteils** ?

# P p p

# Le panda Paolo

**Paille :** Pendant la moisson, on coupe le blé et on garde les grains. Les tiges sèchent et se transforment en paille.

**Panda :** Ce gros animal ressemble à un ours noir et blanc. Il vit dans les montagnes de Chine, où il se nourrit de feuilles de bambou.

**Pamplemousse :** Ce fruit jaune ressemble à une grosse orange. Soit on le mange partagé en quartiers, soit on boit son jus.

**Panoplie :** Paolo a reçu une panoplie de Zorro. Elle est constituée de vêtements et d'accessoires comme l'épée.

**Pansement :** La joue de Paolo saigne un peu. Il pose un pansement sur la blessure. Ainsi, il ne se tachera pas avec le sang.

**Pare-brise :** Lorsqu'il conduit sa voiture, le chauffeur regarde à travers une grande vitre : le pare-brise.

**Panthère :** Animal très rusé, la panthère se cache dans un arbre lorsque la nuit tombe. Elle guette sa proie.

**Parfumer :** La maman de Paolo se parfume. Elle projette sur elle quelques gouttes d'un produit qui sent bon : le parfum.

**Parachute :** Paolo saute de l'avion, un parachute sur le dos. Grâce à cette grande voile, il descend en douceur.

**Partager :** Paolo distribue une part de gâteau à chacun de ses amis. Puis il en garde une pour lui ! Il partage.

**Patiner :** Paolo a chaussé ses patins à glace. Il glisse sur le lac gelé. L'été, il patine avec ses patins à roulettes.

**Pelleteuse :** Grâce à son grand godet, cet engin mécanique permet de transporter la terre et les pierres.

**Pêche :** Ce beau fruit mûrit en été sur un arbre, le pêcher. Sa peau est très fine et sa chair bien juteuse.

**Péniche :** Ce long bateau sert à transporter des marchandises. Le marinier le pilote sur les fleuves.

**Pélican :** Cet oiseau transforme en bouillie les poissons qu'il amasse dans son long bec. Son petit se nourrit dans sa gorge.

**Perce-neige :** A la fin de l'hiver, une petite plante perce la neige et fleurit dans les bois et les prés. C'est le perce-neige !

**Perceuse :** Paolo veut percer un trou dans le mur. Il utilise un outil électrique : la perceuse. Attention, Paolo !

**Pinceau :** Quand il peint, Paolo trempe dans le pot de peinture ce manche de bois terminé par une touffe de poils.

**Pétale :** Le cœur de la fleur est entouré de pétales aux belles couleurs. Ils se replient la nuit. On dirait que la fleur dort !

**Pissenlit :** Cette plante donne naissance à de petites fleurs jaunes qui se transformeront en boules blanches et légères.

**Picorer :** Dans la cour de la ferme, les poules attrapent les grains de maïs un à un avec leur bec. On dit qu'elles picorent.

**Piquer :** Pas facile de coudre avec de grosses pattes ! L'aiguille rentre dans la peau de Paolo et le pique !

**Planète :** Nous vivons sur une planète toute ronde, la Terre. Comme d'autres planètes, elle tourne autour du Soleil.

**Prairie :** Vaches et chevaux broutent dans la prairie, cette étendue de terre recouverte d'une bonne herbe tendre.

**Plongeoir :** Paolo va plonger dans l'eau de la piscine. Il avance sur une planche souple, le plongeoir, et saute !

**Putois :** Ce petit animal sent très mauvais. Il attrape les lapins, mais aussi les grenouilles et les limaces !

**Poster :** Paolo va poster une lettre. Il glisse l'enveloppe dans la fente de la boîte à lettres.

**Puzzle :** Faire un puzzle, c'est assembler plein de petits morceaux pour reconstituer une grande image.

# Les jeux de Paolo

**VRAI OU FAUX**

Écoute chacune de ces affirmations et réponds : vrai ou faux.

**La pêche est un fruit juteux.**

**Le perce-neige fleurit en été.**

**Les planètes tournent autour du Soleil.**

**On transporte la terre avec une perceuse.**

**QUEL MÉLANGE !**

Aide Paolo à trier les morceaux !

P

# Les jeux de Paolo

## POUR EN SAVOIR PLUS

Cette maman panthère a la peau jaune avec des taches noires. Deux de ses bébés lui ressemblent, mais le troisième a la peau très sombre. Il deviendra une belle panthère noire ! La nuit, il pourra se cacher facilement.

## DEVINETTE

Ces trois animaux font le régal d'un quatrième.
Lequel ?

# Q q q

# Le quetzal Quentin

**Quadrillage :** Quentin déplace les pions sur le quadrillage. C'est un grand carré divisé en plein de petits carrés.

**Quiche :** Recouvre une pâte à tarte avec des lardons, verse un mélange d'œufs et de crème. Voilà une quiche lorraine !

**Se quereller :** Qui mangera cette belle cerise ? Une dispute éclate entre Quentin et son ami. Ils se querellent.

**Quille :** Ces jouets de bois, ce sont des quilles. Quentin doit lancer sa boule pour en renverser le plus possible.

# Les jeux de Quentin

**POUR EN SAVOIR PLUS**

Le quetzal est un oiseau magnifique qui niche dans les arbres des forêts d'Amérique centrale. Autrefois, les Indiens prenaient les longues plumes du mâle pour décorer leurs vêtements de fête. Mais ils ne le tuaient jamais !

**LE BON CHEMIN**

La boule de Quentin se déplace sur le quadrillage.
Quel chemin doit-elle parcourir pour atteindre la quille ?
Attention, la boule ne doit pas passer sur les quiches !

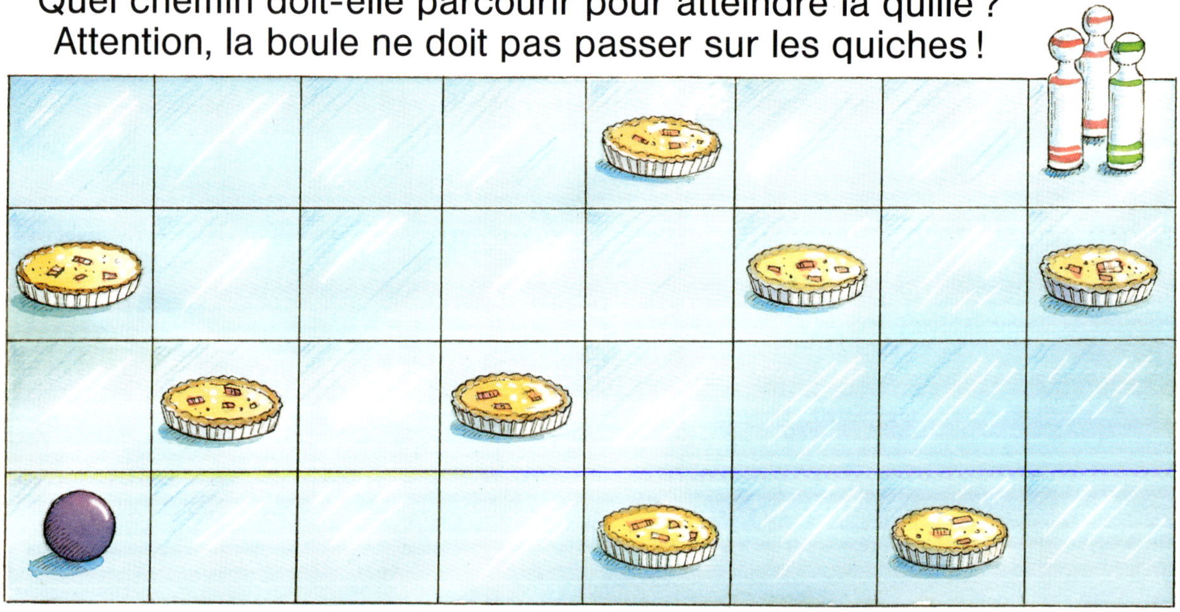

# R r *r*

# Le renardeau Roméo

**Raisin :** De petits fruits poussent bien serrés sur une branche de vigne. Ce sont les grains de la grappe de raisin.

**Raquette :** Pour jouer au tennis, Roméo tient sa raquette par le manche. La balle rebondit sur les cordes.

**Râper :** Roméo râpe du fromage. Il le réduit en miettes en le frottant sur une petite plaque en fer, la râpe à fromage.

**Raton laveur :** Cet animal vit près des rivières, où il pêche des poissons. On dirait qu'il porte un masque sur les yeux.

**Renardeau :** C'est la première sortie du renardeau hors de son terrier. Sa maman, la renarde, le surveille.

**Rétroviseur :** Pour voir les voitures qui le suivent, le conducteur regarde dans un petit miroir, le rétroviseur.

**Requin :** Les animaux de la mer se méfient du requin. Cet énorme poisson possède plusieurs rangées de dents très pointues.

**Rêve :** Roméo dort profondément. Il rêve qu'il court après une poule. Il va sûrement l'attraper. Regarde comme il a l'air content !

**Réserve :** L'écureuil fait sa réserve de noisettes. Il les met de côté pour les manger pendant l'hiver.

**Réveil :** Chaque matin, Roméo se lève lorsqu'il entend la sonnerie d'une petite pendule appelée réveil.

**Rincer :** Roméo a savonné sa chemise. Pour la rincer, il la trempe plusieurs fois dans l'eau claire.

**Riz :** Les grains de riz mûrissent sur une plante qui pousse dans un champ toujours rempli d'eau, la rizière.

**Rocher :** On trouve beaucoup de rochers au bord de la mer et en montagne. Roméo adore sauter sur ces gros blocs de pierre.

**Roulotte :** C'est une maison montée sur quatre roues. Lorsqu'elle circule sur les routes, elle est tirée par un cheval.

**Ruche :** Cette belle maison de paille ou de bois abrite les abeilles. Elles y fabriquent du miel.

**Ruisseau :** Roméo a soif. Il va boire de l'eau au ruisseau, cette petite rivière qui court dans la campagne.

# R Les jeux de

**POUR EN SAVOIR PLUS**

On sème les grains de riz dans la rizière. Il en sort de petites tiges qui poussent dans l'eau.

Pour que les tiges aient de l'espace, on les déracine pour les repiquer dans un autre champ.

Puis on vide l'eau de la rizière. Lorsque les grains de riz sont mûrs, il faut couper les tiges.

Après la récolte, il faut séparer les grains de leur tige. Ils sécheront au soleil et seront vendus.

# Roméo

## LE BON CHOIX

Roméo râpe :

- du riz ?
- du fromage ?
- du raisin ?

Roméo joue au tennis avec :

- une balayette ?
- une bicyclette ?
- une raquette ?

## À CHACUN SON COIN

Avec Roméo, tu as rencontré des animaux.
Rappelle-toi leur nom et réponds à ces trois questions :

Qui vit dans la ruche ?

Qui vit près de la rivière ?

Qui vit dans la mer ?

# S s 𝓈

# La souris Sidonie

**Sablier :** Sidonie retourne le sablier. L'œuf sera cuit lorsque tout le sable se sera écoulé dans le fond de l'appareil.

**Sapin :** Cet arbre reste vert toute l'année. Ses feuilles s'appellent les aiguilles. Son fruit est la pomme de pin.

**Saluer :** Sidonie est très polie. Lorsqu'elle rencontre ses amis, elle les salue : elle leur dit bonjour.

**Scorpion :** Ce petit animal vit dans le désert. Le jour, il se repose sous les pierres. La nuit, il sort pour chasser.

**Sécateur :** Cet outil ressemble à de gros ciseaux. Le jardinier prend le sécateur pour couper les branches des arbustes.

**Seiche :** Avec ses tentacules, la seiche attrape les poissons de mer. Pour se défendre, elle lance un nuage d'encre noire.

**Selle :** Le cavalier s'installe sur la selle et tient les rênes. La selle est un siège en cuir placé sur le dos du cheval.

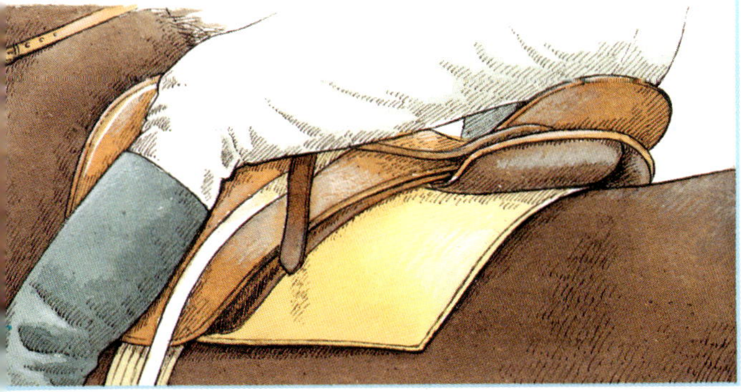

**Sifflet :** Sidonie annonce la fin du match en soufflant dans un petit instrument. Elle donne plusieurs coups de sifflet.

**Signer :** Notre amie signe la lettre qu'elle envoie à sa cousine. Elle écrit “Sidonie” tout en bas de la page.

**Soleil :** Cette énorme étoile brille dans l'espace, très loin de la Terre. Le Soleil nous éclaire et nous donne sa chaleur.

**Sommeiller :** Sidonie se repose. Elle ne dort pas profondément : elle sommeille. Au moindre bruit, elle sursaute.

**Sommet :** Sidonie veut grimper tout en haut de la montagne. Elle veut atteindre le sommet, là où il y a de la neige.

**Source :** Sidonie va boire à la source. A cet endroit, l'eau qui a circulé sous la terre apparaît et donne naissance à une rivière.

**Souterrain :** Sidonie se promène dans un souterrain qui a été creusé sous la terre. Elle cherche le chemin de la sortie.

**Squelette :** Des savants ont reconstitué le squelette de ce dinosaure. Ils ont retrouvé la place de chacun des os.

**Stéthoscope :** Sidonie tousse. Avec son instrument, le docteur entend un bruit anormal dans ses poumons. Il va la soigner.

# Les jeux de Sidonie

**RÉFLÉCHIS**

Un chemin sous la terre, c'est un **souterrain** ou un **sous-marin** ?

Sur le dos du cheval, on pose du **sel** ou une **selle** ?

La pomme de pin pousse sur un **sapin** ou sur un **arbre à pain** ?

**À CHACUN SON INSTRUMENT**

Recherche dans les pages précédentes à qui appartiennent ces objets.

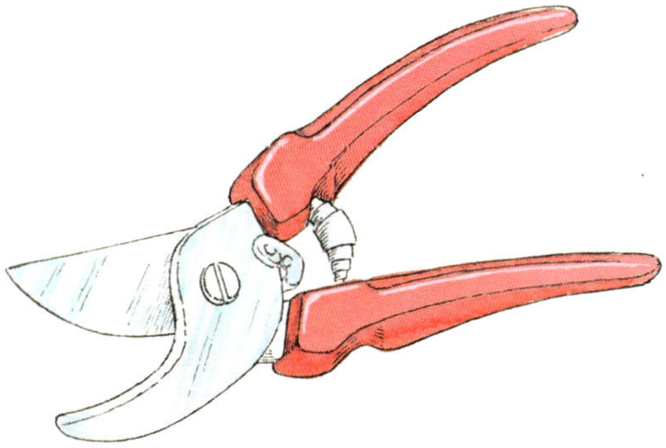

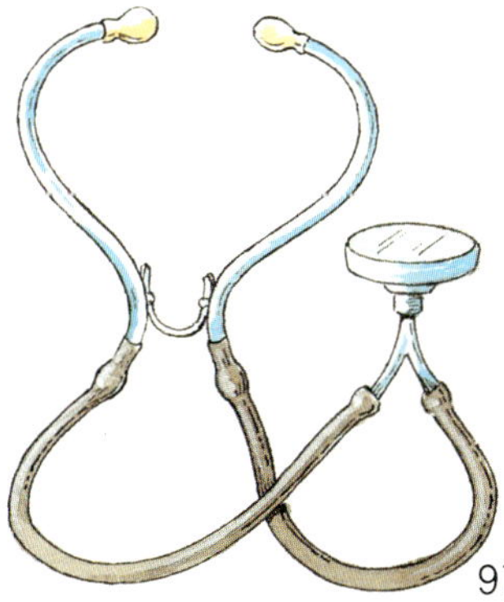

# S Les jeux de Sidonie

## LE BON CHOIX

Montre le sablier qui indique que l'œuf est cuit :

Montre la souris qui se trouve au sommet de la montagne :

## POUR EN SAVOIR PLUS

Le scorpion attaque les araignées, les lézards. Il les serre entre ses pinces. Puis il recourbe sa queue et les pique avec l'aiguille pleine de poison qui se trouve tout au bout. C'est le dard. Ensuite, il les découpe avec ses pinces... et les mange !

# T t t

# La taupe Taupinette

**Talon :** Lorsque tu marches, la partie du pied que tu poses en premier sur le sol, c'est le talon.

**Tatou :** Cet animal vit en Amérique. Son corps est recouvert d'une carapace épaisse. Pour dormir, il se met en boule.

**Tandem :** C'est une grande bicyclette à deux places sur laquelle les cyclistes pédalent l'un derrière l'autre.

**Tempête :** Le vent souffle fort. Il casse des branches d'arbres, il secoue le bateau sur la mer : c'est la tempête.

**Terrier :** Taupinette creuse un trou sous la terre : c'est son terrier. Elle y élève ses petits, bien à l'abri.

**Tipi :** Une tente d'Indien s'appelle un tipi. Il est fait de peaux de bêtes tendues sur de grands bâtons.

**Tigre :** Silencieux, rusé et rapide, cet animal est un excellent chasseur. Il attaque même les jeunes éléphants.

**Tirelire :** Taupinette met des sous dans une jolie boîte, la tirelire. Quand elle en aura beaucoup, elle achètera des lunettes.

**Tinter :** Taupinette appelle ses petits en agitant doucement sa cloche pour qu'elle sonne. On entend la cloche qui tinte.

**Torrent :** Ce cours d'eau descend très vite le long de la montagne en bondissant de rocher en rocher. Il va rejoindre la vallée.

**Toucan :** Cet oiseau des pays chauds attrape des fruits avec son bec. Lorsqu'il vole, ses ailes font beaucoup de bruit.

**Transpiration :** Lorsque l'on a très chaud, de petites gouttes de sueur apparaissent sur le front. C'est la transpiration.

**Tournesol :** Cette grande plante tourne sa fleur vers le soleil. En septembre, on récolte ses graines pour faire de l'huile.

**Trésor :** En creusant sous la terre, Taupinette a trouvé un trésor : une boîte pleine de bijoux et de pièces d'or.

**Trace :** Taupinette cherche ses petits. Voici la trace de leurs pas. On dirait que leurs pattes sont dessinées sur la terre.

**Trompette :** Ce musicien joue de la trompette. Tout en soufflant dans son instrument, il appuie sur des boutons, les pistons.

# T Les jeux de

**POUR EN SAVOIR PLUS**

La taupe vit sous terre. Pour trouver des vers et des insectes, elle creuse des kilomètres de galeries avec ses pattes.
La terre qu'elle enlève forme de petits tas. Ce sont les taupinières, que l'on voit dans les champs et les jardins.

**LE BON CHOIX**

Taupinette est une grande musicienne.
Sur quelle image la voit-on jouer de la trompette ?

# Taupinette

## LA COURSE AU TRÉSOR

Sous terre, Taupinette trouve facilement son chemin. Mais sur terre, elle voit très mal. Peux-tu l'emmener jusqu'au trésor ?

# U u u

# L'unau Ursule

**ULM :** Ces lettres signifient "Ultra-Léger Motorisé". L'ULM est un petit avion tout simple. Son moteur n'est pas très puissant.

**Uniforme :** Facteur, marin, soldat, chacun a son uniforme. C'est le costume qu'ils portent lorsqu'ils travaillent.

**Unau :** Le paresseux est un singe qui a trois doigts à chaque main. L'unau est un paresseux avec deux doigts à chaque main.

**User :** Pour jouer au ballon, ce petit garçon met un pantalon tout déchiré. Il l'a vraiment usé.

# Les jeux d'Ursule

**POUR EN SAVOIR PLUS**

L'unau (ou paresseux) vit dans les grands arbres des forêts d'Amérique du Sud. Il ne se réveille que pour aller manger quelques feuilles. Ce qu'il préfère, c'est dormir la tête en bas, accroché à une branche avec ses griffes.

**VRAI OU FAUX**

Écoute ces quatre phrases et réponds : vrai ou faux.

**Un militaire porte un uniforme.**

**Un unau est un animal très courageux.**

**Pour être belle, la petite fille met une robe usée.**

**ULM veut dire Ultra-Léger Motorisé.**

# V v W w

# Le wapiti William

**Valise :** C'est un grand sac rigide muni d'une poignée. On y range ses affaires lorsque l'on part en voyage.

**Vautour :** Ce grand oiseau au bec puissant plane très haut dans le ciel pour repérer les bêtes mortes dont il se nourrit.

**Vanille :** La gousse de vanille est le fruit d'une grande plante, le vanillier. Une fois séchée, elle sert à parfumer les desserts.

**Veau :** Le bébé veau tire sur les mamelles de sa maman la vache pour boire du lait. Plus tard, il mangera de l'herbe.

**Veillée :** Ce soir, à la colonie, tous les enfants sont réunis pour jouer et pour chanter. C'est la veillée.

**Verser :** La maman penche la bouteille pour faire couler le lait. Elle verse du lait dans le bol.

**Vendange :** Au début de l'automne, on cueille le raisin qui a mûri sur la vigne. C'est l'époque des vendanges.

**Violettes :** Ces petites fleurs violettes ou blanches sont composées de cinq pétales. Elles parfument les bois au printemps.

**Verre :** La vitre, la carafe, la bouteille sont en verre. Ce matériau transparent est facile à nettoyer, mais très fragile.

**Violon :** Pour jouer de cet instrument de musique, le violoniste frotte les quatre cordes avec un archet.

**Viser :** Pour gagner la partie, l'enfant doit lancer sa bille sur une des autres billes. Il doit bien viser !

**Voilier :** Ce bateau avance sur la mer lorsque le vent s'engouffre dans ses voiles.

**Volcan :** Lorsqu'elle entre en éruption, cette montagne crache de la lave et des pierres brûlantes : c'est un volcan.

**Wagon :** La locomotive du train entraîne plusieurs wagons, qui servent au transport des voyageurs ou des marchandises.

**Walkman :** Munie d'un casque léger et d'un radio-cassette, appelé aussi baladeur, cette petite fille se promène en écoutant de la musique.

**Wapiti :** Ce très grand cerf vit en Amérique du Nord. En langue indienne, son nom signifie "cerf blanc".

**POUR EN SAVOIR PLUS**

# Le verre

1. Lorsque l'on chauffe un mélange de sable, de chaux (qui ressemble à la craie) et de soude (un produit chimique), on obtient une pâte toute molle.

2. Le verrier prend la quantité de pâte dont il a besoin avec une longue tige creuse : la canne.

3. Le verrier souffle dans la canne pour donner à la pâte la forme voulue.

4. Les objets deviennent transparents. Ils sont cuits à nouveau pour devenir plus solides.

# VW Les jeux de William

### LE BON CHOIX

**une violette** **une gousse de vanille**

Montre le fruit. Montre la fleur.
Qu'est-ce qui ne sent bon qu'une fois séché ?

### DEVINETTE

Lorsque je me mets
en colère,
je crache
des pierres brûlantes.

**Qui suis-je ?**

### CHARADE

Mon premier souffle
parfois très fort,

ma deuxième croque
la pomme,

ma troisième parle
de moi,

mon tout désigne
la cueillette du raisin !

# XxYyZz

# Le zèbre Xavier

**Xylophone :** Les lames de bois de cet instrument de musique résonnent lorsqu'on les frappe avec des baguettes.

**Yack :** Ce gros bœuf vit dans les hautes montagnes du Tibet. Son long pelage le protège du froid et de la neige.

**Yacht :** Sur ce très beau bateau de plaisance, les passagers partent faire d'agréables promenades en mer.

**Yaourt :** On ajoute un produit au lait pour le transformer en yaourt. Il se déguste soit nature, soit sucré.

**Yourte :** Des familles de Mongols voyagent à travers les montagnes d'Asie. Elles campent sous ces tentes en tissu épais.

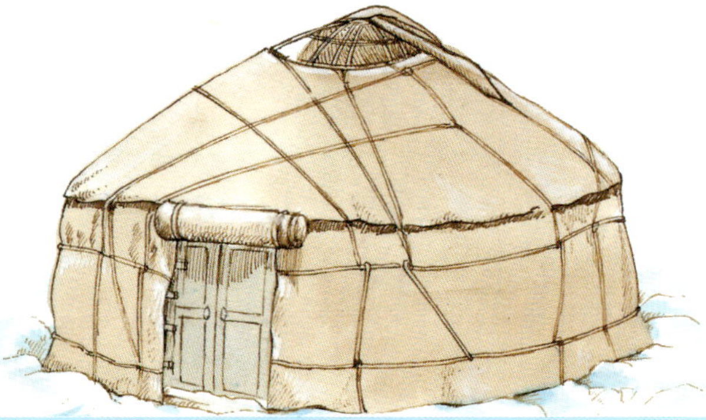

**Zèbre :** Cet animal ressemble à un cheval tout rayé. Il vit en troupeau dans les grandes prairies d'Afrique.

**Yo-Yo :** Un long fil est enroulé dans le creux d'un disque de bois. Le Yo-Yo monte et descend le long de ce fil.

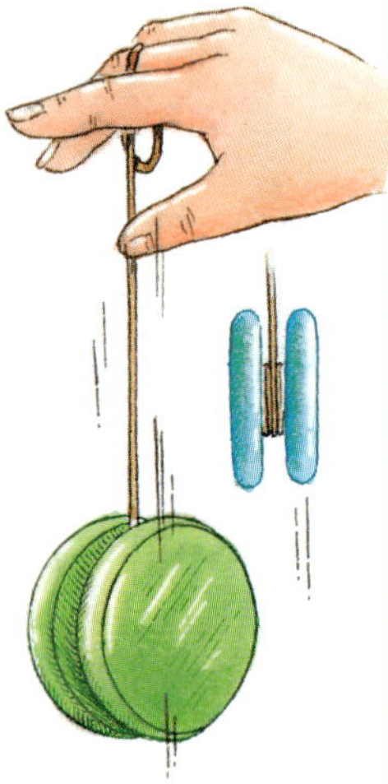

**Zébrure :** Le pelage du zèbre est marqué de rayures noires ou marron que l'on appelle les zébrures.

**Zapper :** Cet enfant zappe pour suivre tous les programmes de télévision. Il appuie sans cesse sur son boîtier de télécommande.

**Zébu :** Ce bœuf est élevé dans les pays chauds. Il résiste à la chaleur et aux maladies transmises par les insectes.

**Zénith :** Chaque jour, le Soleil voyage dans le ciel. A midi, il se trouve à son point le plus haut. On dit qu'il est à son zénith.

**Zigzag :** Comme la rivière qu'elle longe, cette route fait plein de zigzags. Les virages se suivent très rapidement.

**Zeste :** Pour parfumer une crème, on y ajoute un zeste d'orange ou de citron. C'est un morceau de l'écorce du fruit.

**Zodiac :** On gonfle ce bateau de caoutchouc avant de le mettre sur l'eau. Il avance grâce à un moteur placé à l'arrière.

**Zibeline :** Ce petit animal vit dans les forêts d'Asie, près des rivières. En hiver, sa fourrure devient épaisse et douce.

**Zoo :** Dans ce grand jardin public, on voit des animaux qui vivent habituellement dans les pays lointains.

# XYZ Les jeux

## QUI SUIS-JE ?

Je suis un bœuf
qui supporte bien
le froid.
Qui suis-je ?

Je suis un bœuf
qui supporte bien
la chaleur.
Qui suis-je ?

## RÉFLÉCHIS

Sur quels fruits va-t-on prendre un zeste ?

# de Xavier

**LE BON CHOIX**

Parmi ces trois bateaux, lequel est le yacht ? Peux-tu nommer les deux autres bateaux ?

## POUR EN SAVOIR PLUS

Le lion repère le zèbre qu'il va attaquer avant de se lancer à sa poursuite. Alors, tout le troupeau part au galop. Les zébrures de tous ces animaux se mélangent devant les yeux du lion. Il ne sait plus où se trouve le zèbre qu'il avait choisi !

# Les jeux

**L'ALPHABET**
Essaie de remettre de l'ordre dans ton alphabet en suivant les indications sur les lettres envolées.

| | | | | | | | |
|---|---|---|---|---|---|---|---|
| | | | ? | B b  belette | C c  canard | ? | E e  écureuil |
| ? | G g  goéland | ? | I i  ibis | J j  jument | ? | L l  lapin | ? |
| N n  narval | ? | P p  panda | Q q  quetzal | ? | S s  souris | ? | U u  unau |
| V v 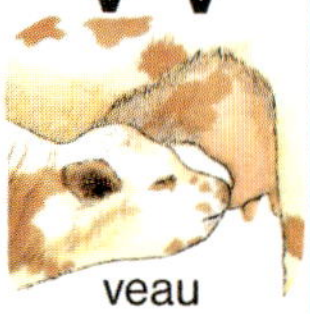 veau | W w  wapiti | ? | Y y  yack | ? | | | |

**LETTRES ENVOLÉES**
De petits animaux ont emmené leur lettre loin de l'alphabet. Retrouve vite leur place.

# du Dictio

**LA PREMIÈRE LETTRE**

Certains mots se sont trompés de case.
En observant leur première lettre, tu trouveras lesquels.

**dauphin**

**décorer**
**datte**
**domino**
**képi**

**hibou**

**harpe**
**hélicoptère**
**lilas**
**huître**

**koala**

**kayak**
**désert**
**kiwi**
**kimono**

**lapin**

**légume**
**lavande**
**haricot**
**lune**

## TOUS EN ORDRE

Dans quelle case faudrait-il placer chacun de ces cinq mots pour qu'ils soient en ordre alphabétique ?

| | |
|---|---|
| a | ? |
| b | ? |
| c | ? |
| d | ? |
| e | ? |

baobab

épouvantail

coquetier

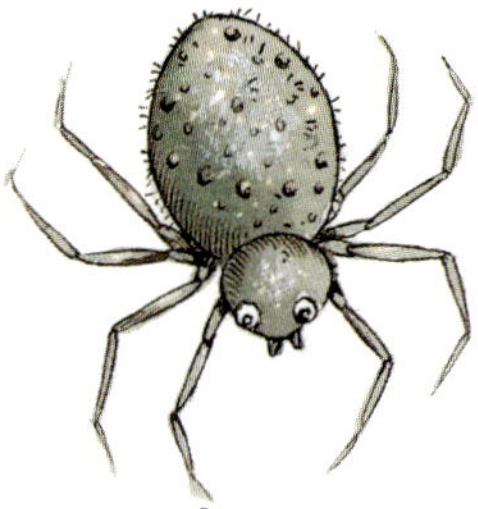

araignée

drapeau

## JEU DES PORTRAITS

Dans quelle case pourrais-tu placer chaque signature ?
Regarde bien la première lettre !

| | |
|---|---|
| l | ? |
| m | ? |
| n | ? |
| o | ? |
| p | ? |

## LES CHEFS DE FAMILLE

Voici quatre chefs de famille !

canard

hibou

marmotte

taupe

Les animaux dont le nom commence par la même lettre appartiennent à la même famille. Relie chaque animal à son chef de famille.

castor

huître

tigre

toucan

tatou

coccinelle

hirondelle

marcassin

macareux

hippocampe

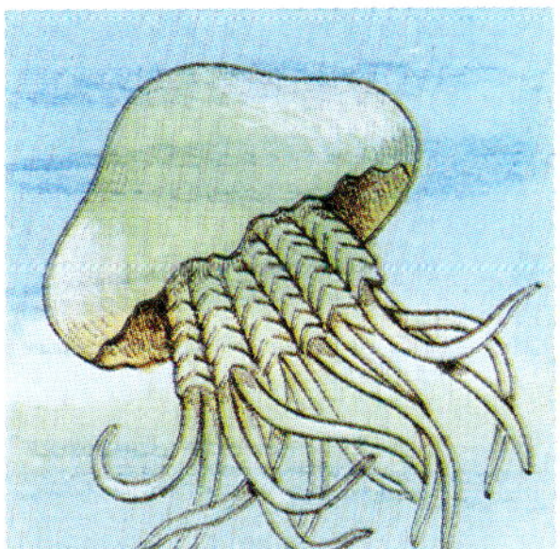
méduse

caméléon

## CONCOURS DE VITESSE AVEC TAUPINETTE

Demande à une grande personne de chercher dans son dictionnaire un nom d'oiseau, un nom de fleur et un nom d'instrument de musique qui commencent par la lettre “t”.

un nom d'oiseau

un nom de fleur

un nom d'instrument

Tu fais la même chose dans ton dictio, en cherchant dans les pages de Taupinette.

ATTENTION, 1, 2, 3, PARTEZ !

## QUI VA GAGNER ?

Demande à quelqu'un qui possède un dictionnaire de jouer avec toi. Tu cherches dans ton dictio pendant que l'autre personne cherche dans son dictionnaire.

1, 2, 3, PARTEZ !

aquarium

baleine

caméra

dinosaure

faon

zèbre

## FLEUR OU FRUIT ?

Recherche dans le dictio ces mots qui désignent des fleurs ou des fruits.

| | |
|---|---|
| **framboise** | **coquelicot** |
| **bouton d'or** | **kiwi** |
| **raisin** | **lilas** |

Si un mot désigne un FRUIT, tu montres la coupe de fruits.
Si un mot désigne une FLEUR, tu montres le vase.

## QUE FONT-ILS ?

Dans chaque phrase, retrouve le mot qui manque.
Explique ce qu'il veut dire. Compare ta définition avec celle du dictio.

**La maman ........... ? ........... son bébé.**

**L'avion .............. ? .............. sur la piste.**

**Dimitri ................ ? ............... les cartes.**

# Le jeu de

Règle du jeu :
Chaque joueur lance son dé. Celui qui a le chiffre le plus élevé commence.
Le joueur lance son dé, puis avance son pion sur le damier.
Si le joueur arrive sur une case illustrée, il pourra jouer au tour suivant.
Si le joueur arrive sur une case vide, il doit trouver un mot qui commence par la lettre indiquée.
S'il trouve, il pourra jouer au tour suivant.
S'il ne trouve pas, il ne jouera pas au tour suivant.
Le premier arrivé à “z” a gagné !

# l'alphabêtes

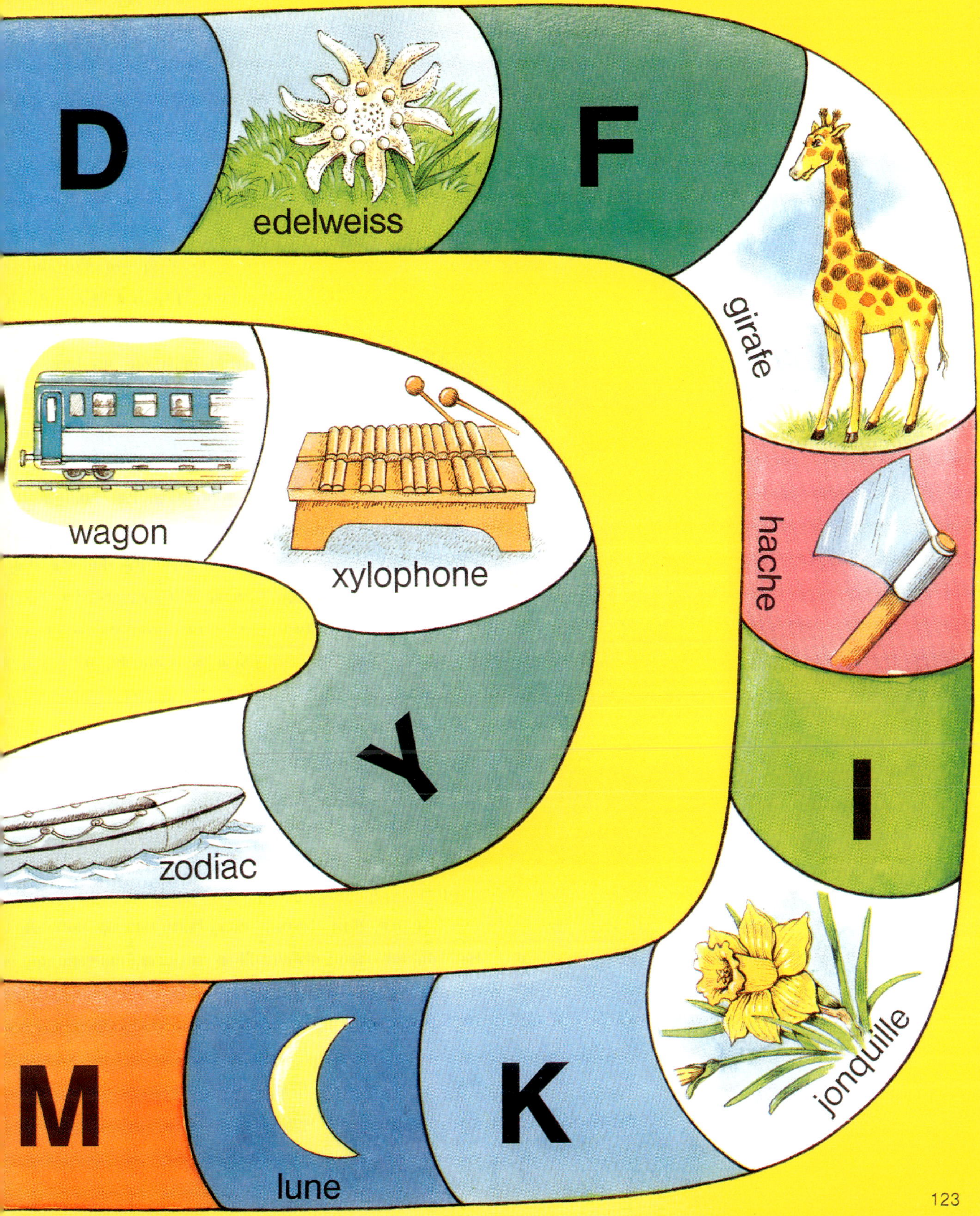

Édition exclusivement réservée aux
adhérents du Club Le Grand Livre du Mois
15 rue des Sablons 75116 Paris

ISBN 2-7028-1121-3

Loi n° 49-956 du 16 juillet 1949 sur
les publications destinées à la jeunesse
Dépôt légal : mai 1998
Imprimé en décembre 2001
par *Partenaire-Livres*® / cl